NOUVEAU SYLLABAIRE

OU

MÉTHODE SIMPLE ET FACILE

POUR

APPRENDRE A LIRE EN 24 LEÇONS ET 90 EXERCICES

PAR

AUG. BRAUD

Ancien Chef d'institution, Membre de la Société pour l'Instruction élémentaire
et de la Société des Méthodes d'enseignement, à Paris

NOUVELLE ÉDITION, REVUE, CORRIGÉE
ET AUGMENTÉE DE LECTURES COURANTES

PARIS
CH. DELAGRAVE ET Cie, LIBRAIRES-ÉDITEURS
78, RUE DES ÉCOLES, 78

21908

NOUVEAU SYLLABAIRE

OU

MÉTHODE SIMPLE ET FACILE

POUR

APPRENDRE A LIRE EN 24 LEÇONS ET 90 EXERCICES

PAR

AUG. BRAUD

Ancien Chef d'institution, Membre de la Société pour l'Instruction élémentaire
et de la Société des Méthodes d'enseignement, à Paris

SIXIÈME ÉDITION, REVUE, CORRIGÉE
ET AUGMENTÉE DE LECTURES COURANTES

PARIS
CH. DELAGRAVE ET Cⁱᵉ, LIBRAIRES-ÉDITEURS
78, RUE DES ÉCOLES, 78
—
1867
1866

Chaque exemplaire est revêtu de la signature ou de la griffe des éditeurs.

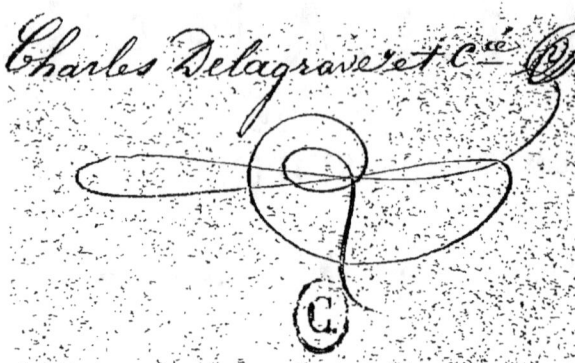

AUTRES OUVRAGES DU MÊME AUTEUR

LE PETIT SYLLABAIRE DES ENFANTS. 1 vol. in-18 jésus, cart. 0.25; br. 0.20

TABLEAUX DE LECTURE (20), in-folio reproduisant tout le **Nouveau Syllabaire.** 1.50

LES PREMIÈRES LEÇONS PAR CŒUR, pour les enfants de 6 à 9 ans, avec des notes explicatives sur les mots et sur l'ensemble de chaque pièce de vers.
    Livre de l'Élève, 6ᵉ édition. 1 vol. in-18, cartonné. 0.70
    Livre du Maitre, 5ᵉ édition. 1 vol. in-18, cartonné. 0.90

LES SECONDES LEÇONS PAR CŒUR, pour les enfants de 9 à 12 ans, contenant un choix sérieux de fables prises dans quinze auteurs (*La Fontaine, Florian, Le Bailly, Aubert, Andrieux, Lamotte, etc.*), et un choix de pièces de nos bons poètes; avec notes explicatives et éclaircissements. 1 vol. in-18, cartonné. 0.90

LES PREMIÈRES LEÇONS DE GRAMMAIRE FRANÇAISE, petit cours méthodique et pratique avec exercices à la suite de chaque règle. *Quatrième* édition.
    Livre de l'Élève. 1 vol. in-12, cartonné. 0.75
    Livre du Maitre. 1 vol. in-12, cartonné. 1.20

    C'est la *Grammaire française de Lhomond,* refondue, très-accessible à l'intelligence des enfants.

POUR PARAITRE SOUS PEU :

LES PREMIÈRES LECTURES COURANTES, faisant suite au **Nouveau Syllabaire.** 1 vol. in-18 jésus.

PARIS. — IMP. SIMON RAÇON ET COMP., RUE D'ERFURTH, 1.

AVERTISSEMENT

Presque tous les jeunes instituteurs et les institutrices ont abandonné l'ancienne appellation des lettres et reconnu les avantages de la nouvelle par la facilité qu'elle donne aux enfants de faire très-promptement et insensiblement de la lecture courante; c'est qu'en effet la simple prononciation des *voyelles* et des *consonnes* produit cette lecture.

Voici l'alphabet avec la nouvelle appellation:

A	B	C	D	E	F	G	H	I	J	K	L	M	N	O
a	be	que	de	e	fe	gue	he	i	je	que	le	me	ne	o

P	Q	R	S	T	U	V	X	Y	Z
pe	que	re	se	te	u	ve	cse	i	ze

On voit par là que les *voyelles* (a, e, i, o, u, y) conservent le son qui leur est propre, tandis que les *consonnes* se prononcent toutes avec un son sourd ou muet, qui n'est pas un son, et qu'il n'y a de véritable son que par leur union avec les voyelles, ce qui les fait appeler *consonnes* (qui *sonnent avec...*). On les nomme aussi *articulations*, mot qui signifie *jointure*, parce qu'elles se joignent aux voyelles, et que, par l'action des lèvres, de la langue, du gosier et du palais, elles servent à scander les mots : les consonnes sont donc les *jointures* syllabiques des mots.

La distinction des deux sortes de lettres est essentielle.

Au lieu de présenter tout de suite à l'enfant l'alphabet en entier, tel qu'on le voit ci-dessus, nous avons suivi l'exemple de plusieurs bons auteurs en donnant d'abord les *voyelles*, et plus loin les *consonnes*, pour arriver plus naturellement et sans effort à la lecture des syllabes. Cette marche est plus rationnelle et constitue plus exactement une méthode.

Il importe que l'enfant apprenne tout de suite les trois *accents*, afin de connaître les trois sortes d'*e* et de distinguer les voyelles longues des brèves ; il en est de même de l'*apostrophe* et de la *cédille*, surtout de cette dernière, qui donne au *c* la valeur de *s* . Ces signes, par leur petit nombre, sont faciles à retenir, et l'enfant doit les savoir comme les lettres. A l'occasion, le maître expliquera la fonction du tréma.

L'élève trouvera donc les voyelles accentuées dès les premiers exercices, pour s'y accoutumer; cela nous a fourni le moyen de citer un bien plus grand nombre de mots dans les premières pages.

Nous avons rejeté les difficultés dans des leçons éloignées, pour encourager l'enfant dans les exercices dont les sons et les articulations simples lui donnent la facilité de lire sans effort.

Nous avons cru devoir donner une suite de nombres de 1 à 500 au bas des pages, parce qu'il faut que l'enfant apprenne à compter en même temps qu'il apprend à lire. Ces deux connaissances sont presque inséparables. Quelques exercices d'addition vocale, placés à la fin du livre, mettront le maître en état d'apprécier tout le parti qu'on peut tirer chez un enfant de cette manière de supputer les nombres.

On nous saura peut-être gré d'avoir introduit dans les exercices de lecture les *jours* de la semaine, les *mois*, les *saisons*, etc., notions indispensables à ce début même des études de l'enfance.

Enfin, quelques pages de lecture courante à la fin du livre nous paraissent suffisantes pour que l'enfant aborde ensuite cette lecture dans un autre livre.

Une bonne méthode de lecture est très-difficile à faire. Nous sommes loin de nous flatter d'avoir fait ce livre : nous l'avons tenté seulement.

A. B.

NOUVEAU SYLLABAIRE

MAJUSCULES OU GRANDES LETTRES

PREMIÈRE LEÇON. — VOYELLES.

A E I O U Y

1ᵉʳ Exercice.

E U A O Y I U A Y E O

DEUXIÈME LEÇON. — CONSONNES.

B	C	D	F	G	H	J	K	L	M
be	que	de	fe	gue	he	je	que	le	me

N	P	Q	R	S	T	V	X	Z
ne	pe	que	re	se	te	ve	cse	ze

2ᵉ Exercice.

B	D	G	C	L	Q	N	K	H	R
J	X	V	M	F	P	S	Z	T	B
M	J	R	K	C	F	L	N	S	D
V	T	G	P	H	Q	Z	X	F	C

3ᵉ Exercice. — Voyelles et Consonnes.

C	D	E	A	F	Y	O	H	K
U	J	L	R	T	I	G	M	P
	N	Q	S	X	B	V	Z	

CHIFFRES

1 2 3 4 5 6 7 8 9 0

TROISIÈME LEÇON. — ALPHABET COMPLET.

A B C D E F G H I
J K L M N O P Q R
S T U V X Y Z

MINUSCULES OU PETITES LETTRES

QUATRIÈME LEÇON. — VOYELLES BRÈVES.

a   e   é   è   i   o   u   y

VOYELLES LONGUES.

â   ê   î   ô   û

4° Exercice.

a	i	o	è	u	é	a	e	ê
i	y	o	é	i	e	u	â	û
î	è	ô	a	e	i	â	û	ô

CINQUIÈME LEÇON. — CONSONNES.

b   c   d   f   g   h   j   k   l   m
n   p   q   r   s   t   v   x   z

CHIFFRES

1   2   3   4   5   6   7   8   9   0

5ᵉ Exercice.

b	p	m	n	d	t	h	j	v	f
l	r	q	c	g	v	s	x	h	c
t	z	b	g	p	q	m	j	c	l
r	n	v	s	f	p	b	d	q	h

6ᵉ Exercice.

a	b	c	d	e	é	è	ê	f	g
h	i	î	j	k	l	m	n	â	o
ô	p	q	r	s	t	u	v	x	y	z

SIXIÈME LEÇON. — ALPHABET COMPLET.

**a b c d e f g h i
j k l m n o p q r
s t u v x y z**

SEPTIÈME LEÇON. — SYLLABES.

	a	e	é	è	i	o	u
b	ba	be	bé	bè	bi	bo	bu
d	da	de	dé	dè	di	do	du
p	pa	pe	pé	pè	pi	po	pu
q	qua	que	qué	què	qui	quo	qu
f	fa	fe	fé	fè	fi	fo	fu
c	ca	»	»	»	»	co	cu
g	ga	»	»	»	»	go	gu
j	ja	je	jé	jè	ji	jo	ju

1 2 3 4 5 6 7 8 9 0

7ᵉ Exercice. — Lecture.

ca di	dé fi	du pe	pa pa
ca fé	dé jà	é pi	pa pe
da da	do do	fa de	pi pe
dé	do du	ju pe	pi que

HUITIÈME LEÇON. — SYLLABES.

	a	**e**	**é**	**è**	**i**	**o**	**u**
h Prononcez	ha / a	he / e	hé / é	hè / è	hi / i	ho / o	hu / u
k	ka	ke	ké	kè	ki	ko	ku
l	la	le	lé	lè	li	lo	lu
m	ma	me	mé	mè	mi	mo	mu
n	na	ne	né	nè	ni	no	nu

NEUVIÈME LEÇON. — SYLLABES.

	a	**e**	**é**	**è**	**i**	**o**	**u**
r	ra	re	ré	rè	ri	ro	ru
s	sa	se	sé	sè	si	so	su
t	ta	te	té	tè	ti	to	tu
v	va	ve	vé	vè	vi	vo	vu
x	xa	xe	xé	xè	xi	xo	xu
z	za	ze	zé	zè	zi	zo	zu

Revenez souvent sur les Leçons et Exercices qui précèdent.

8ᵉ Exercice. — Mots de deux syllabes.

A me	A ne	É té	I le	U ne
a mi	é pi	È ve	o de	u ni

1 2 3 4 5 6 7 8 9 10 11 12

Bâ ti	Bo bo	Co de	Da da	Di re
ba ve	bu re	cò te	da me	do do
bé ni	ca ne	cô té	de mi	dô me
bê te	ca fé	cu re	dé jà	du pe
bi le	ca ve	cu ré	dî né	du re

9ᵉ Exercice.

| Fa de | Fê te | Fi le | Fo ré | Fu mé |
| fa né | fè ve | fi ne | fi lé | fi ni |

10ᵉ Exercice.

Ga la	Ho là	Ju ré	Lu ne	Mi di
ga le	hô te	ki lo	lu xe	mi mi
gâ té	hu ne	la me	mâ le	mo de
ga ze	hu re	le vé	ma ri	mû re
go bé	ja co	li me	mê me	mû ri
go go	jo li	li re	me né	no te
hâ te	ju pe	lo to	mè re	no té

11ᵉ Exercice.

Pa pa	Pi le	Râ pe	Rô le	So fa
pa pe	pi pe	ra ve	rô ti	sû re
pâ te	po li	rê ve	ru de	tê te
pâ té	pu ni	ri de	sa le	tê tu
pa vé	pu re	ri re	se mé	ti ré
pe lé	ra de	ri ve	sé ve	tô le
pè re	ra me	ro be	si te	tu be

1 2 3 4 5 6 7 8 9 10 11 12

1.

12ᵉ Exercice.

Ve nu	Le bo a	Le cô té	U ne î le
vê tu	le ca fé	l' a mi	la ga ze
vi de	la da me	la ju pe	le rô ti
vo te	le dî né	le pè re	le lo to
zè le	la ca ve	le pâ té	la tê te
zé ro	l' â me	la lu ne	la m ode
la bê te	l' â ne	la li me	le so fa
la bi le	le da da	le luxe	la ra ve

13ᵉ Exercice. — Mots de deux et de trois syllabes.

Le ma ri	L' é pi	A bî me	Co lè re
ma mè re	la bi le	a bo li	co li que
la ca ba ne	le dé fi	a do ré	cu bi que
la co que	la mû re	a va re	dé co ré
le zé ro	le dô me	ba di ne	dé fi lé
la fè ve	la fi le	bo bi ne	do mi no
la fê te	le ja co	ca ba ne	du re té
le pa pa	sa ju pe	ca na pé	é co le

14ᵉ Exercice.

É cu me	É tu de	Fi gu re	I mi té
é cu mé	fa mi ne	ga ba re	ju ju be
é lè ve	fa vo ri	ga lè re	la vu re
é le vé	fé ru le	i do le	lé gu me

13 14 15 16 17 18 19 20 21 22 23 24

Li mi te	Mi nu te	No é mi	Pe lo te
lu xu re	mo dè le	o bo le	pi lo te
ma da me	na tu re	o pé ra	pu re té
mâ tu re	na vi re	pa ra de	qui ni ne
mé ri te	ni ve lé	pa ro le	ra me né

15ᵉ Exercice.

Ra re té	So li de	Vé ri té	É vi té
re mè de	sû re té	vi pè re	ma la de
re te nu	ti mi de	vo lu me	un a mi
sa la de	ti ra de	ma tê te	l' é co le
sa li ve	tu li pe	ta mère	le pô le
sa me di	u ni té	le pa pe	le zè le
sa va te	u ti le	un pè re	la ra de
sé pa ré	va ni té	É mi le	le pâ té

16ᵉ Exercice. — Phrases.

Le jo li ca na pé de pa pa a é té sa li.
A na to le i ra à l'o pé ra sa me di.
No é mi, va vi te à l'é co le.
U ne da me a vu la ro be de No é mi.
É mi le a é té à l'é tu de à mi di.
Je t'a mè ne u ne pe ti te ca ma ra de.
Ma mè re a vu ma ro be sa le à l'é co le.
Ca ro li ne é vi te ra la co lè re.

25 26 27 28 29 30 31 32 33 34 35 36

17ᵉ Exercice.

Le pi lo te a ra me né le na vi re de pa pa.
Le ma la de a va le ra de la qui ni ne.
A dè le di ra la vé ri té à sa mè re.
La pa ra de fe ra ri re A dé la ï de.
Ta sa va te a sa li la ro be de Ca ro li ne.
U ne sé ré na de fi ni ra la fê te.
Le pè re a é té re te nu à la ca ba ne.
Ma mè re me fe ra li re sa me di à dî né.

DIXIÈME LEÇON. — VOYELLES COMPOSÉES.

a   e   i   o   u
an   eu   in   oi   on   ou   un

18ᵉ Exercice.

Faites lire de gauche à droite, de haut en bas, etc.

an	eu	in	oi	on	ou	un
eu	in	oi	on	ou	un	an
in	oi	on	ou	un	an	eu
oi	on	ou	un	an	eu	in
on	ou	un	an	eu	in	oi
ou	un	an	eu	in	oi	on
un	an	eu	in	oi	on	ou

19ᵉ Exercice.

An cô ne	An ti po de	An ti qui té	In di vi du
An go ra	an ti que	Eu ro pe	in fi dè le

37 38 39 40 41 42 43 44 45 46 47 48

— 13 —

In fi ni	Ban de	Jeu	Foi
in fi ni té	can can	ne veu	loi
in vi té	fan tô me	veu ve	toi le
on de	ma man	din de	voi le
on ze	san té	fin	bon bon
ou i	tan te	ma lin	hon te
fou i ne	feu	boi re	mon de

20e Exercice.

Du vin	Son de	Dou ze	Lun di
ra vin	ton du	fou	cou cou
de vin	ton ton	pou	rou te
mon	mou	pou le	tou tou
ton	mou le	pou pée	mou lin
son	mou ton	sou pe	meu le
non	dou te	tou te	seu le

21e Exercice.

Ma man a vu un pou à la tê te d'É mi le.
Mon pa pa boi ra du vin à son dî né.
Ton ca ma ra de se ra in vi té sa me di.
Ca ro li ne a je té sa pou pée dans le feu.
On a bu à la san té de ma mè re ma la de.
A dè le a ton du le mou ton de ma tan te.
Le tou-tou d'É mi le a tu é un la pin lun di.
A dè le a hon te de boi re du vin à dî né.

49 50 51 52 53 54 55 56 57 58 59 60

Mon an go ra a pa ru jo li à ma man.
No é mi a lu tou te seu le à mi di.
Ni, ni, ni, voi là mon con te fi ni.

ONZIÈME LEÇON. — CONSONNES.

a	**e**	**i**	**o**	**u**
b	**c**	**d**	**f**	**g**
ab	eb	ib	ob	ub
ac	ec	ic	oc	uc
ad	ed	id	od	ud
af	ef	if	of	uf
ag	eg	ig	og	ug

Le son de *e* est ouvert devant la consonne : *eb, ec*, etc.

Faire lire ce qui précède de gauche à droite, de droite à gauche, de haut en bas et de bas en haut.

22ᵉ Exercice.

Ab bé	Ad ju ré	Af fû té	Ta rif
ab di qué	ad mi ré	ob te nu	ca nif
ab so lu	af fa di	af fec té	mo tif
ac te	af fa mé	ef fi lé	roc
ac tif	af fi lé	suf fi re	lec tu re
ac ti ve	af fi né	é nig me	ob jec té

23ᵉ Exercice. — Phrases.

Un ab bé a é té ad mi ré sa me di.
Le dî né a pu suf fi re à on ze ou dou ze.

61   62   63   64   65   66   67   68   69   70   71   72

Le ca-nif de ton pa pa se ra af fû té.
Mon ca ma ra de a de l'ac ti vi té.
Le roi Ad mè te a ad mi ré Té lé ma que.
Ma man de vi ne ra l'é nig me d'É mi le.
Mon mou ton af fa mé a pa ru ré tif.
Un bon é lè ve fe ra la lec tu re.

DOUZIÈME LEÇON.

a	**e**	**i**	**o**	**u**
h	**j**	**l**	**m**	**p**
al	el	il	ol	ul
am	em	im	om	hom
ap	ep	ip	op	up

Le son de *e* est ouvert dans *el*, *ep*, et il vaut *a* devant *m*.

24ᵉ Exercice.

Al co ol	Ban cal	Hô pi tal	Tel le
al cô ve	ca nal	lo cal	nou vel
al lu mé	bo cal	mé tal	que rel le
al lu re	ca po ral	pé nal	il lu mi né
a mi ral	é gal	el le	sol
a ni mal	fa nal	el lé bo re	pa ra sol

25ᵉ Exercice.

Sub til	Am be	Im bi bé	Em pâ té
il lé gal	am bi gu	im po li	em pi lé

73 74 75 76 77 78 79 80 81 82 83 84

Ho mè re	Am pou le	Tom be	Ap pel
fol le	am pou lé	tom bé	op ti que
mol le	am pu té	rom pu	sup pu té
vol	bam bin	im pu ni	ap pe lé
cu mul	jam be	em bel li	cap
cal cul	jam bon	em me né	cap tu re

26ᵉ Exercice. — Phrases.

Le ca po ral fu me sa pi pe à l'hô pi tal.
Le pan ta lon de pa pa a é té im bi bé de vin.
Ta ma man a ré ga lé mon a mi.
Son ca po ral a é té em me né ban cal.
Ton a mi Jé rô me a un ca ma ra de im po li.
Un ma la de se ra am pu té à la jam be.
La ré col te em bel li ra le val lon.
Ma tan te a ra me né le bam bin é ga ré.
Le pi lo te te ra mè ne ra le na vi re.

TREIZIÈME LEÇON.

a   **e**   **i**   **o**   **u**
r   **s**   **t**

ar	er	ir	or	ur
as	es	is	os	us
at	et	it	ot	ut

Le son de *e* est ouvert dans *er*, *es*, *et*.

85 86 87 88 89 90 91 92 93 94 95 96

27ᵉ Exercice.

Ar me	Mar di	A ver tir	Bor dé
har di	sar di ne	cou rir	cor de
har pe	tar ti ne	di ver tir	cor ne
ar mu re	er mi te	fi nir	for me
ar se nal	her be	sa lir	for tu ne
bar be	per ron	te nir	mor su re
bar ba re	per ru que	ve nir	mor ve
bar que	ser ré	or	por te
car pe	ter re	or ga ne	ur ne
car te	ver re	or me	Ur su le
gar de	ver sé	or né	sur
lar me	ir ri té	or to lan	sur di té

28ᵉ Exercice.

As pic	Is su	ris qué	Hou let te
as sou pi	bis cor nu	os	il jet te
as su ré	dis pu te	bos su	net, net te
bas sin	dis so lu	pos te	o me let te
es ca mo té	lis te	bus te	pi quet te
es ca pa de	mys tè re	ar bus te	pou let te
es car pin	pis te	at ta qué	as si et te
es ti me	pois son	mas qué	cu vet te
ca res se	ris que	det te	bis cuit

97 98 99 100 101 102 103 104 105 106

— 18 —

Fi nes se	O bé lis que	Bat tu	Il quit te
pa res se	co pis te	ra bat tu	hot te
fu nes te	sys tè me	jat te	bot te
les te	Bap tis te	lat te	cu lot te
res te	U lys se	pat te	but
res té	pu ri ste	et, Et na	hut te
ves te	at ti ré	il fi nit	lut te

Faites observer aux élèves comment, en joignant les consonnes aux terminaisons *ar, er, ir, as, ot, os*, etc., on obtient les mots qu'on vient de lire. Par exemple *b* (prononcez *be*), ajouté à la terminaison *ar*, produit la syllabe *bar*; *v* et *er* produisent *ver*; *n* et *es, nes*, dans *fu nes te*, etc.

29ᵉ Exercice. — Phrases.

É mi le es pè re ob te nir u ne ar me à feu.
Jé rô me a tu é son jo li pin son mar di.
Le po lis son a é té sur un roc es car pé.
Son pa pa, ir ri té, l'a re te nu et pu ni
La co lè re se ra fu nes te à l'é lè ve ma lin.
Ur su le a vu la bar que du pi lo té.
Le ca po ral a u né co car de ri di cu le.

30ᵉ Exercice. — Phrases.

Pros per ver ra la mer sur son na vi re.
Ton bon Mé dor a es ca mo té mon dî né.
Il a je té la pat te sur ma tar ti ne.
L'a mi ral fe ra par tir son na vi re jeu di.

107 108 109 110 111 112 113 114 115 116

Jet te le res te de ma tar ti ne à Mé dor.
No é mi a dor mi tou te la nuit et a rê vé.
El le a vu sa mè re ve nir sur u ne bar que.
Le fer res te ra sur le sol hu mi de.

31ᵉ Exercice. — Phrases.

A na to le a vu un bos su je té à ter re.
Mi mi a por té la pat te sur l'o me let te.
Bon pè re ap por te du bis cu it à No é mi.
A dè le a vu à la foi re u ne bel le pou péc.
Po ly do re em por te u ne per ru que.
La pa res se se ra fu nes te à Ca ro li ne.
Le car ros se de pa pa ar ri ve ra jeu di.
É lé o no re fe ra u ne o me let te à dî né.

32ᵉ Exercice. — Phrases.

Ap por te u ne as si et te à mon pè re.
Je de man de si ton pè re i ra à la foi re.
Jé rô me a cas sé la jat te de ma tan te.
É mi le se di ver ti ra a vec Mé dor.
La for me de ton ha bit se ra bel le.
La ca ba ne que je quit te a é té so li de.
La cu lot te d'É mi le ser vi ra de mo dè le.
De man de à ma man si el le va à la mes se.

117 118 119 120 121 122 123 124 125 126

QUATORZIÈME LEÇON.

ai = ê   au = ô   ce = se   ci = si   en = an

ai   au   ce   ci
cha che ché chè chê chi cho chu
en   eu   euf eul eur
ge   gé   gè   gê   gi
gna gne gné gnè gni gno gnu gneu gnon
oi   oif oil oir
ou   ouc ouf oug oul our
ha   hai han hau heu hi   ho   hon hou hu

Ces dernières syllabes se prononcent comme si la lettre *h* n'y était pas. Faites observer à l'élève que la lettre *c* suivie de *e* ou de *i* se prononce comme le *s* : *au da ce, me na ce, i ci, mer ci;* que le *g*, suivi de *e* ou de *i*, se prononce comme le *j* : *gê né, gîte;* et que *en* se prononce comme *an* le plus souvent : *en du ré, en dor mi*.

33ᵉ Exercice.

Ai dé	Ce la	Cir que	Chan son
ai mé	for ce	ci vil	che min
fai re	lan ce	ci vi li té	che val
lai ne	par ce que	cha cun	di man che
mai re	cel le	cha que	bou che
tai re	cel le-ci	char me	ché ri
au be	cer vel le	chat te	cher ché
au da ce	cet te	chaî ne	chê ne
au ro re	ci ga le	chai re	cher
ha bi le	hâ te	har di	ha che

127   128   129   130   131   132   133   134   135   136

34ᵉ Exercice.

Chi ca ne	Dé cen ce	Neuf	Peur
Chi ne	des cen te	veuf	par leur
ma chi ne	fen du	seul	pa veur
cho qué	ten du	lin ceul	sa peur
chu te	ven du	beur re	ter reur
en fi lé	jeu ne	far ceur	va peur
en chan té	ra jeu ni	heur té	â ge
en la cé	meu te	leur	ca ge
en tê té	é meu te	é le veur	an ge
hal te	hai ne	han che	lan ge
ha mac	ha ïr	han ne ton	heu re

35ᵉ Exercice.

Cou ra ge	Sau va ge	Rou ge	Cy gne
ga ge	ta pa ge	ron gé	cam pa gne
mé na ge	ge lé	si gna tu re	di gne
na geur	gê ne	té moi gna ge	li gne
o ra ge	gé né ral	Co gnac	si gne
o ran ge	a gir	si gnal	vi gne
pa ge	mu gir	si gna lé	ma gni fi que
hi bou	rou gir	Al le ma gne	es pa gnol
ra va ge	hon te	hou let te	hu re

137 138 139 140 141 142 143 144 145 146

36ᵉ Exercice.

En co gnu re	Coif fe	A per ce voir	Bou ton
é pa gneul	coif feur	con ce voir	cou pe
lor gnon	soif	a voir	bou din
ro gnon	poil	ou, ou i	cou pon
foi, loi	vou loir	ou ra gan	joug
moi, toi	noir	bam bou	bour re
soi, toi le	es poir	bouc	cour
coif fu re	voir	bou chon	cour bé

37ᵉ Exercice. — Phrases.

U ne ma chi ne à va peur ac ti ve ce na vi re.
La chu te de ta ma man a dû te fai re peur.
Mon pè re a é té en chan té du gé né ral.
Leur mé moi re a re te nu cet te chan son.
Ta pe ti te com pa gne au ra peur de l'o ra ge.
Cou ra ge, mon a mi ! voi là le re quin !
La vi gi lan ce du na geur é vi te l'a ni mal.
Pa pa i ra à Co gnac ac com pa gné de ma man.

38ᵉ Exercice. — Phrases.

Il a vou lu fai re du ta pa ge, on l'a pu ni.
Il va sur la mon ta gne.
Le jeu ne Hen ri a pa ru di gne de par don.

147 148 149 150 151 152 153 154 155 156

Mon con te fe ra ri re tou te la com pa gnie.
Si la soif te tour men te, va boi re à la fon taine
 qui a sa sour ce dans un roc é loi gné.
Je fe rai le tour avec mon tam bour.
Le gé né ral a pu ni le ca po ral in do ci le.
Un pê cheur ap por te ra un sau mon.

39ᵉ Exercice. — Phrases.

Un jour de foi re j'ai a che té un jo li mé na ge.
Ma man a vi dé sa bour se pour ce la, par ce
 que j'ai lu ce li vre a vec el le.
Voi ci un far ceur a vec sa bar be de sa peur.
J'ai ga gné u ne bel le o ran ge au jeu.
A vec un sou, Ca ro li ne au ra un bon bon.
La re din go te de pa pa se ra ma gni fi que.
La ro be de ma mè re se ra su per be.

40ᵉ Exercice. — Phrases.

La voi tu re de ta tan te va ve nir i ci.
Un sau va ge a je té la ter reur au vil la ge.
Le chat se hé ris se de vant Mé dor.
La foi, l'es pé ran ce et la cha ri té.
Il a ge lé ce ma tin dans le jar din.
J'in vi te rai ton com pa gnon pour ce soir.
A dè le i ra au bal à la cam pa gne jeu di.
Ce sa peur ne dé dai gne pas le vin.

157 158 159 160 161 162 163 164 165 166

41ᵉ Exercice. — Phrases.

Cet te coif fu re se ra ri di cu le.
La li gne du pê cheur fe ra peur au pois son.
J'au rai u ne bel le cou pe de por ce lai ne.
É mi le a ga gné u ne ma gni fi que tas se.
Thé o do re a rou gi de sa pa res se.
J'ai é té en chan té de sa bel le con dui te.
Ran ge ton lin ge, ta ro be, ta pou pée.
Mou che- toi a vec un mou choir de toi le.

QUINZIÈME LEÇON.

ain = *in*   **ei** = *è*   **er** = *é*

ain (a est nul; prononcez **in**) : gain, pain, faim.
ein (e nul; prononcez **in**) : rein, des sein.
ei (prononcez **è** ou **ai**) : p ei ne, r ei ne, S ei ne.
er (prononcez **é**) : chan ter, dan ser, jou er, me ner.
ill (prononcez comme à la fin du mot **fille**) : b ille, qu ille.

42ᵉ Exercice.

Ain si	Pou lain	Ba l ei ne	S ei ze
b ain	s ain te	en s ei gne	v ei ne
le vain	des sein	p ei gne	ai mer
m ain	rein	p ei ne	bou der
p ain	se rein	r ei ne	chan ter

167   168   169   170   171   172   173   174   175   176

Con ter	É ca ille	Feu ille	O re ille
dan ser	cu ill ère	feu illa ge	rou ille
mon ter	fu ta ille	bou illi	bou tei lle
res ter	mé da ille	bou ill on	vo la ille
tour ner	mu ra ille	ca ill ou	em pa illé
ba ta ille	pa ille	ra ill er	co qui lle
ba ta illon	dé pou illé	ra ill eur	fa mi lle
ba ille	é ma illé	ta ille	bi lle
ca ille	mou ill er	ta ill eur	cor bei lle

43ᵉ Exercice. — Phrases.

De main j'i rai à la vil le de Reims.
Do mi ni que i ra lui por ter un bou quet.
Por te du pain d'un air se rein au pau vre.
Il a for mé le des sein de par tir.
Il faut du le vain pour fai re le pain.
Le chef de ba ta illon par ti ra pour Tou lon.
Le gé né ral di ri ge ra lui-mê me la ba ta ille.
J'ai me à voir le feu illa ge et la ver du re.

44ᵉ Exercice. — Phrases.

Le men teur au ra du pain sec à son dî né.
La rei ne en ver ra un ca deau à la da me.
É mi le a é té sa ge et mi gnon à l'é co le.
Son pè re en sei gne à li re à Ca mil le.

177 178 179 180 181 182 183 184 185 186

Ton ca nif se rou ille ra à l'hu mi di té.
Le tail leur me fe ra un pan ta lon pour ce soir.
Je me ser vi rai de ce pei gne d'é ca ille.

SEIZIÈME LEÇON.

ç = s   ph = f

ail se prononce comme la fin du mot bétail.
eil, euil, œ (ce dernier se prononce **e**).
ç (prononcez le **c** avec la cédille comme le **s**).
ph (prononcez **f**) : or phe lin, comme or fe lin.

pha, phe, phé, phè, phi, pho, phu.

45e Exercice.

Ail	Ver meil	Cœur	Le çon
bail	deuil	nœud	ma çon
bé tail	é cu reuil	œuf	a per çu
ber cail	fau teuil	sœur	re çu
co rail	seuil	vœu	pha lan ge
gou ver nail	ac cueil	fa ça de	Pha ra on
por tail	é cueil	for çat	phar ma cie
con seil	or gueil	il ef fa ça	é pi ta phe
é veil	ba bil	il per ça	or phe lin
pa reil	pé ril	fa çon	phé no mè ne
so leil	bœuf	gar çon	sphè re

187 188 189 190 191 192 193 194 195 196

Phi lip pe   sa phir   pho que   am phi bie
Phi lo mè le mé ta pho re pho ni que Phi loc tè te
por phy re   phos pho re am pho re Po ly phè me

46ᵉ Exercice. — Phrases.

L'a gn cau a é té ra me né au ber cail.
Le pê cheur a vu du co rail dans la mer.
El le a un jo li ca mail et un bel é ven tail.
Le gou ver nail du na vi re a é té cas sé.
Ton a mi a re çu un bon con seil.
Le so leil bril le sur la ter re, sur l'on de.
Cet te fil le por te le deuil de sa mè re.
Sa pe ti te sœur a aus si un bon cœur.
El le re non ça à cet te fa çon de par ler.

47ᵉ Exercice. — Phrases.

Pha ra on a é té un roi cru el de l'É gyp te.
Phi lo mè le a chan té sa chan son au jar din.
J'ai lu u ne é pi ta phe sur un tom beau.
Le ma çon a per cé la mu rail le de ce lieu.
Un phé no mè ne di gne de mé moi re.
Por te cet te que nou ille à la ser van te.

197 198 199 200 201 202 203 204 205 206

DIX-SEPTIÈME LEÇON

bl   cl   fl   gl   pl

bla	ble	blé	blè	blê	bli	blo	blu
cla	cle	clé	clè	clê	cli	clo	clu
fla	fle	flé	flè	flê	fli	flo	flu
gla	gle	glé	glè	glê	gli	glo	glu
pla	ple	plé	plè	plê	pli	plo	plu

48ᵉ Exercice.

Blâ me	Flâ ner	É ta bli	Flo re
blâ mer	gi ro fle	é ta blir	en flu re
ta ble	flé au	bloc	flam bé
ca pa ble	flè che	blo qué	flan qué
ac ca blé	flic- flac	dou blu re	gla ce
blé	in fli ger	pu blic	gla çon
blê me	o bli ger	pu bli que	pla ce
bleu	an gle	bou clé	pla cé
blon de	glè be	in cli né	pla qué
cla ve cin	glo be	cli mat	tem ple
cla ri net te	glo bu le	clo che	ac com pli
mi ra cle	gloi re	en clu me	im plo rer
on cle	glu	Clu ny	plu ma ge
clé men ce	glu au	fla con	plu me
207	208 209	210 211	212 213 214 215 216

49ᵉ Exercice. — Phrases.

Le cou pa ble non cal me ni jour ni nuit.
Je blâ me l'é lè ve qui a é té in at ten tif.
Le blé a mû ri à ce bon so leil d'é té.
Sa che ve lu re blon de in cli ne sur le cou.
L'en clu me du for ge ron n'a pu flé chir.
So phie ap por te u ne gla ce d'An gle ter re.
J'em por te rai de la glu à la cam pa gne.
Il a lu un vo lu me de ta bi bli o thè que.
La dou blu re de ta ro be se ra sur la ta ble.
J'ai lu plus d'u ne pa ge de la Bi ble.

50ᵉ Exercice. — Phrases.

Mon on cle ar ri ve ra de main à Clu ny.
A dè le a re çu un fla con d'eau de Co lo gne.
El le a flé chi la co lè re de son pè re ir ri té.
Lé on ce a re çu un flic- flac sur la fi gu re.
La gloi re a pu bli é ton nom sur le glo be.
Un tem ple ma gni fi que a é té bâ ti à Ro me.
Le blé de ce sol a pa ru ve nir par mi ra cle.
Ce la l'a ren du in ca pa ble de ré flé chir.
La dou blu re de sa ro be se ra blan che.
Le coif feur ap por te ra u ne per ru que blon de.

217 218 219 220 221 222 223 224 225 226

DIX-HUITIÈME LEÇON.

br	**cr**	**dr**	**fr**	**gr**	**pr**	**tr**	**vr**
Bra	bre	bré	brè	brê	bri	bro	bru
cra	cre	cré	crè	crê	cri	cro	cru
dra	dre	dré	drè	drê	dri	dro	dru
fra	fre	fré	frè	frê	fri	fro	fru
gra	gre	gré	grè	grê	gri	gro	gru
pra	pre	pré	prè	prê	pri	pro	pru
tra	tre	tré	trè	trê	tri	tro	tru
vra	vre	vré	vrè	vrê	vri	vro	vru

51ᵉ Exercice.

Bra ve	Crain te	Dra me	Fru ga li té
bra vou re	mer cre di	dra pé	Fran ce
sep tem bre	à cre	ca dre	fran chir
oc to bre	cré a teur	ven dre di	fré ga te
no vem bre	cré a tu re	en ca dré	frê ne
dé cem bre	crè che	dri ver	frè re
dé mem bré	crê te	drô le	fri re
bro che	cri	Drôme	fro ma ge
bro chu re	cri me	dru	fru gal
bru	cro chu	dru i de	fru ga li té
bru ne	cru che	frac tu re	gra de
cra va te	cru chon	fra gi le	gra ve
227	228 229	230 231	232 233	234 235 236

52ᵉ Exercice.

Gre nou ille	Pri me	En tré	Chan vre
ti gre	pri mi tif	trê ve	cui vre
a gré a ble	pro me na de	tri bu nal	ou vrir
grê le	pro pre	tri bu ne	dé cou vrir
gri ma ce	pro pre té	poi tri ne	ou vri è re
grim per	pru de	tro pi que	a vril
gro gner	pru ne	ré tro gra de	i vro gne
gro gnon	tra hir	trou ver	no tre
gru au	tra vail	tru el le	vo tre
pra ti que	trai ter	tru i te	droi tu re
dé pra vé	traî tre	ou vra ge	cha grin
rom pre	train	i vre	cui vré
pré ve nir	thé â tre	li vre	vr ai

53ᵉ Exercice. — Phrases.

Le ba te leur fe ra ri re à la pa ra de.
Ce mi li tai re a rem por té u ne vic toi re.
Dé cem bre a mè ne la froi du re en ce sé jour.

54ᵉ Exercice. — Phrases.

La ci ga le chan te et bra ve la fa mi ne.
J'ai man gé du fro ma ge sec au dé jeu ner.
An dré ho no re la Fran ce par sa bra vou re.

237 238 239 240 241 242 243 244 245 246

La cra va te d'Eu gè ne se trou ve à la mo de.
Di man che, j'i rai au thé â tre a vec ton frè re.
Vic tor ai me la pro pre té de ton tra vail.
J'ai ren con tré un i vro gne qui a par lé de mo ra le. On a ri de lui.

55ᵉ Exercice. — Phrases.

Ton frè re a grim pé sur le mur pour cueil lir u ne pru ne et u ne poi re ; il a é té vu par le gar de cham pê tre, qui l'a ren fer mé pour le pu nir de son au da ce.
Ven dre di et sa me di il man ge du pain sec.
Le ju ge va se ren dre au tri bu nal.
La fru ga li té pro cu re de la san té.
Le Cré a teur ai me la droi tu re du cœur.

DIX-NEUVIÈME LEÇON.

ia, ie, ié, iè, io, ui.
i an, i en (*i in*), **ieu, ion, oui, oin** (*ouin*).

e *se prononce comme* **è** *dans les mots*: ces, des, les, mes, tes, ses, tu es, il est.

in = ine *devant une* **voyelle** *ou* **h** *muet*: in u ti le, in hu main.

e *est nul dans* **eu**: j'ai eu, il a eu.

247 248 249 250 251 252 253 254 255 256

e *est nul dans* **ein** : fein dre, pein dre.
e *est nul dans* **eau** : ba teau, bu reau.
s *et* **x** *ne se font pas sentir à la fin des mots, comme* : nos meu bles, mes jam bes, tes bras; qua tre a ni maux, mes maux, tes che vaux.
d *et* **t** *ne se font pas sentir à la fin de certains mots* : un gond, du lard, le fond, en fant.

56ᵉ Exercice.

Di a cre	Lié ge	Ca bri o le	Bien
fi a cre	pié ge	hui le	chien
bou il lie	fiè vre	lui	mien
fo lie	liè vre	fuir	rien
en vie	fio le	con fi an ce	sien
Ma rie	pio che	vian de	tien

57ᵉ Exercice.

Dieu	Loin	Ca deau	Des fia cres
pieu	A mi tié	ha meau	ton pié ge
sieur	moi tié	moi neau	tes pié ges
lion	pi tié	beau té	ses fiè vres
pen sion	fein dre	veau	j'ai eu
foui ne	pein dre	un lien	il a eu
oui	séin	des liens	j'aurai eu
foin	bu reau	un fia cre	il au ra eu

257   258   259   260   261   262   263   264   265   266

58ᵉ Exercice. — Phrases.

La crê te de ce coq est bien rou ge.
J'ai ren con tré un fia cre à la por te.
Un moi neau est ve nu dans ma ca ge.
U ne pe ti te fil le bien sa ge res te au près de sa mè re du ma tin au soir.
Mon pa pil lon a con ser vé ses cou leurs.

59ᵉ Exercice. — Phrases.

É mi le na ge a vec u ne plan che de li é ge.
Un a mi ral, des a mi raux. L'a ni mal, les a ni maux. Ton che val, mes che vaux.
Ce ca nal, ces ca naux. Mon fa nal, ses fa naux.
Un ca po ral, des ca po raux. Un hô pi tal, deux hô pi taux. Le jour nal, les jour naux. Le mal, les maux. Un o ri gi nal, des o ri gi naux.
Un dard, des dards. Un en fant, des en fants.

60ᵉ Exercice. — Phrases.

Il faut ré pé ter les jours de la se mai ne, et les bien ap pren dre par cœur.
Nous al lons les di re en les comp tant :
Lun di, un ; Mar di, deux ; Mer cre di, trois ; Jeu di, qua tre ; Ven dre di, cinq ; Sa me di, six ; Dimanche, sept.

267 268 269 270 271 272 273 274 275 276

Ain si, il y a sept jours dans la se mai ne.
Plus tard, nous di rons les mois de l'an née.

61ᵉ Exercice. — Phrases.

L'hui le brû le tou te la nuit dans la lam pe qui est sur la che mi née de ma jo lie cham bre.
Le Juif-Er rant a vait tou jours cinq sous dans sa poche.
Un jour, un mal heu reux é cri vit u ne let tre à son bon chien Mé dor. Voi ci quel ques li gnes de cet te let tre :

De mon ré duit gar dien sûr et fi dè le,
Toi, dont les soins ont pour moi tant de prix,
Toi, des a mis par faits le plus par fait mo dè le,
Mé dor, c'est à toi que j'é cris.
Des biens que m'en le va la for tu ne in hu mai ne,
Quand tu me res tes seul pour a dou cir ma pei ne,
Je te dois ce tri but : du sein de la dou leur,
É cri re à l'a mi tié, c'est rê ver le bon heur.

Ce bon Mé dor é tait un fi dè le gar dien.
Un jour, le maî tre de ce bon chien fut at ta qué par un vo leur, qui lui de man dait la bour se ou la vie.
A moi, Mé dor ! s'é cri a le maî tre.
Aus si tôt Mé dor sau ta à la gor ge du vo leur, le ren ver sa par ter re, et son maî tre fut sauvé.

277 278 279 280 281 282 283 284 285 286

VINGTIÈME LEÇON.

a *est nul dans* Août, Saône, taon; *prononcez:* Oût, Sône, ton.

o *est nul dans* faon, Laon, paon : fan, lan, pan.

y *vaut un seul* **i** *avant une consonne:* mys tè re, sy mé trie, sys tè me.

y *vaut deux* **i** *avant une voyelle:* y eux, jo yeux, ro yal, ro yau me.

ez *se prononce* **é** *à la fin des mots:* nez, ve nez, chan tez, dan sez, as sez.

s *se prononce comme* **z** *entre deux voyelles:* bi se, bu se, dé sir, mai son, ro se, ru se.

62ᵉ Exercice.

Août	A bys si nie	A bo yer	Chan tez
a o ris te	cy clo pe	bro yer	dan sez
Saô ne	cy lin dre	cou do yer	nez
taon	ly re	jo yeux	ve nez
faon	mys tè re	mo yen	a bu sé
Laon	sy mé trie	ro yal	bi se
paon	sys tè me	ro yau me	dé sir
cygne	sa ty re	y eux	ru sé
287 288	289 290	291 292	293 294	295 296

63ᵉ Exercice. — Phrases.

Il y a dans l'an née dou ze mois, qui sont :

Jan vier, Fé vri er, Mars, A vril, Mai, Juin, Ju ill et, Août, Sep tem bre, Oc to bre, No-vem bre, Dé cem bre.

Ré pé tez-les sou vent de cet te ma niè re :

Jan vier, un ; Fé vri er, deux ; Mars, trois ; A vril, qua tre ; Mai, cinq ; Juin, six ; Ju ill et, sept ; Août, huit ; Sep tem bre, neuf ; Oc to bre, dix ; No vem bre, on ze ; Dé cem bre, dou ze.

Re te nez bien les jours et les mois.

64ᵉ Exercice. — Phrases.

Le faon est le pe tit d'u ne bi che.
La Saô ne est u ne ri viè re de Fran ce.
Le paon est un oi seau qui a un très beau plu mage. Il pa raît fier de sa pa ru re.
Laon est u ne vil le de Fran ce, vers le nord.
On ap pe lait Cy clo pe un gé ant qui a vait un seul œil tout rond au mi lieu du front.
J'ai vu deux jo lis cy gnes dans le ca nal.

297 298 299 300 301 302 303 304 305 306

65ᵉ Exercice. — Phrases.

Pa pa nous dit un jour, à No é mi et à moi: Fer mez les yeux et ou vrez la bou che; puis il nous mit un gros mor ceau de su cre dans la bou che.

Tu as en ten du un chien a bo yer dans la cour; c'est le bon Mé dor, qui a ver tit son maî tre que quel qu'un vient d'en trer à la mai son. C'est un gar dien vi gi lant.

Nous fe rons un tour de pro me na de a vant de dî ner; en sui te, nous i rons vi si ter le Pa lais - Ro yal, qui est très bien il lu mi né.

66ᵉ Exercice. — Phrases.

Ma man m'a fait li re qua tre fois ce ma tin.

Je li rai six fois di man che pro chain pour a voir un chou à la crè me.

Un pe tit en fant pau vre a vait bien faim; mais il n'o sait pas de man der du pain. Le bon Ju les lui fit ca deau de son dé jeu ner et de sa con fi tu re.

Pa pa dé si re que nous li sions bien no tre le çon, si nous vou lons nous a mu ser.

307 308 309 310 311 312 313 314 315 316

VINGT ET UNIÈME LEÇON.

gua, gue, gué, guè, guê, gui.

m *est nul suivi d'un autre* **m** :
a mm, *prononcez* **amme** : fla mme.
e mm, *prononcez* **èmme** : ge mme.
i mm, *prononcez* **imme** : im mo bi le.
o mm, *prononcez* **omme** : po mme.

n *est nul aussi avant un autre* **n** :
a nn, *prononcez* **anne** : an née.
e nn, *prononcez* **ènne** : en ne mi.
i nn, *prononcez* **inne** : in no cen ce.
o nn, *prononcez* **onne** : bo nne.

x *se prononce comme* **cs** *dans certains mots* :
a xe, é li xir, fi xe, ma xi me, ri xe.

67ᵉ Exercice.

Il dis tin gua	Ki lo gram me	An non cé	Gui de
la ba gue	gem me	can ne	im mor tel
la fi gue	im mo bi le	en ne mi	com me
fa ti gué	dom ma ge	ren ne	an no té
gué ri te	gom me	in no cent	ban ni
flam me	hom me	bon ne	fi xe
gam me	pom me	guè re (peu)	Fé lix

317 318 319 320 321 322 323 324 325 326

68ᵉ Exercice. — Phrases.

L'au tre jour, le maî tre dis tin gua le bon é lè ve du pa res seux en don nant u ne ré com pen se à l'un et du pain sec à l'au tre.
Un en fant do ci le et la bo rieux ne se fa ti gue ja mais à fai re ses de voirs de clas se.
Le ros si gnol est le mu si cien des bois ; son chant est dis tin gué et har mo ni eux.
Un hom me i gno rant est ex po sé à la ri sée.
Tu res tes im mo bi le com me u ne bor ne.

69ᵉ Exercice. — Phrases.

Dieu est im mor tel : il n'a ja mais eu de co mmen ce ment, il n'au ra ja mais de fin.
Vo yons, ma bon ne pe ti te Ju li et te : ap por te-moi ton li vre ; je te fe rai li re u ne lon gue le çon, et tu au ras un bon bon que j'ai a che té pour toi, si tu es mi gnon ne et bien sage.
Tu ne dois rien en tre pren dre sans ré fle xion.

70ᵉ Exercice. — Phrases.

Le bois qui brû le pro duit de la flam me.
La bou gie al lu mée don ne la lu miè re.

327 328 329 330 331 332 333 334 335 336

La vi gne pro duit le rai sin, et le rai sin, du vin et de l'eau-de-vie.

Le rai si né est u ne con fi tu re de rai sin.

Avec du blé, on fait de la fa ri ne; avec de la fa ri ne, on fait du pain; et le pain nour rit les hommes.

Un é li xir est u ne li queur sa lu taire.

On m'a fait ca deau d'un jo li char do nne ret.

71ᵉ Exercice. — Phrases.

Ju les n'a pas eu soin de son oi seau; cet te pau vre pe ti te bê te est mor te de faim.

On va sou hai ter la bo nne a nnée le pre mier jour du mois de jan vier, et quel que fois à la fin de dé cem bre.

La let tre s et la let tre x ne se font pas sen tir à la fin de cer tains mots, com me dans: les har des, mes sou liers, tes bon bons, nos li vres, ses che veux, deux moi neaux, etc.

VINGT-DEUXIÈME LEÇON.

e *est nul après un son:* bou e, bou illie, crai e, en vi e, fo li e, gru e, joi e, jou e, nu e, oi e, il pay e, il pli e, il jou e ra, queu e, rou e, soi e, tai e, vu e, vi e.

b *est nul à la fin d'un mot:* plomb, a plomb.

337 338 339 340 341 342 343 344 345 346

c *est nul à la fin de certains mots :* banc, franc, jonc, tronc, ta bac, es to mac.

d *est nul à la fin des mots :* ba vard, chaud, froid, É dou ard, gour mand, ha sard, nid.

g *est nul à la fin des mots :* lon g, ran g, doi gt, étan g, fau bour g, poin g, ran g, san g.

l *est nul à la fin de certains mots :* cou til, ou til.

p *est nul à la fin de certains mots ou de certaines syllabes :* drap, ga lop, loup, bap tê me, bap ti ser, Bap tis te.

n *et* **r** *sont nuls dans le mot* mon sieur ; *prononcez* mo cieu.

t *est nul à la fin de certains mots :* ils ont, ils sont, ils font, ils fe ront, ils liront, dou ce ment.

72ᵉ Exercice.

Je joue	De la fo lie	Un franc	Un gour mand
tu joues	à la roue	le tronc	il est sourd
il joue	j'ai en vie	du ta bac	un doigt
je plie	de la boue	l'es to mac	un é tang
tu plies	la bou illie	tu se ras	le fau bourg
il plie	du plomb	un ba vard	le poing
de la joie	a plomb	É dou ard	du sang
la joue	un banc	le lit chaud	le rang
une grue	pain blanc	le ha sard	bas long

347 348 349 350 351 352 353 354 355 356

73ᵉ Exercice.

De bon cou til	Un mon sieur	Ils di ront
un bon ou til	un é poux	ils se ront
mon beau fu sil	la toux	ils ont
le long sour cil	un prix	ils fui ront
ton pan ta lon	u ne voix	ai sé ment
du drap brun	u ne croix	ils boi ront
au grand ga lop	un faux bra ve	len te ment
le bap tê me	en fant heu reux	dou ce ment
un vieux loup	vieux li vre	ils fe ront
tu es prompt	voix for te	des bou tons

74ᵉ Exercice. — Phrases.

Un jour un pe tit en fant bien gour mand vou lut pren dre de la con fi tu re sans en de man der à sa ma man ; mais le pot, qui é tait sur u ne plan che, tom ba sur le nez du gour mand, et la con fi tu re se ré pan dit par tout sur ses vê te ments. Il n'eut pas de des sert à son dî ner, et on le fit cou cher de bon ne heu re.

75ᵉ Exercice. — Phrases.

Il est vi lain d'ê tre ba vard. Les ba vards n'é cou te ront ja mais ce qu'on leur di ra ; ils par le ront sans ces se.

357 358 359 360 361 362 363 364 365 366

Vois sur ce banc un jo li en fant qui a froid ;
il pa raît bien pau vre. Donne-lui un morceau de pain blanc.
Ton pa pa ne prend pas de ta bac ; le mien
ne fu me ja mais.

76ᵉ Exercice. — Phrases.

La nour ri tu re sert à for mer le sang ; le sang
cou le dans les vei nes, et ré pand la vie
dans tout le corps.
Le bap tê me est le pre mier sa cre ment que
re çoit un en fant nou vel le ment né.
J'ai en vie de bien tra vail ler pour ga gner
deux ou trois prix à la fin de l'an née.

77ᵉ Exercice. — Phrases.

Al lons, le tam bour et la mu si que en tê te ;
en a vant ! mar che, jus qu'au fau bourg.
Plan, plan, ran tan plan, plan. Hal te ! — La
ca va le rie, les dra peaux sur les rangs ! —
Al lons, tam bour, bats donc la cais se. En
a vant ! au ga lop ! au ga lop !
Mon fu sil est lourd ; il me fa ti gue.
Ca ma ra des, vous ê tes fa ti gués, je le vois ;
al lez tous vous cou cher. — Oui, gé né ral.

367 368 369 370 371 372 373 374 375 376

VINGT-TROISIÈME LEÇON.

c *se prononce comme* **g** *dans* se cond, se con der.
e *se prononce* **é** *dans* pied, tré pied, etc.
en *se prononce* **in** *dans* Men tor, hy men, etc.
ti *se prononce* **si** *avant une voyelle dans certains mots :* é mo tion, ac tion, am bi tion, por tion.
x *se prononce* **gz** *dans certains mots :* e xa men, e xem ple, e xé cu tion.
x *se prononce comme* **s** *dans certains mots :* soi xante, six, dix, Bru xel les, Au xer re.
x *se prononce comme* **z** *dans certains mots :* deu xiè me, si xiè me, di xièm e.

78ᵉ Exercice.

Le se cond	E xa men	Am bi tion	Exacti tu de
je se con de	an cien	ac tion	six
tu se con des	mu si cien	fac tion	dix
il se con de	phy si cien	fonc tion	soi xan te
le pied	un chien	na tion	deu xiè me
Men tor	rien	por tion	si xiè me
Ben ja min	chré tien	e xem ple	di xiè me

79ᵉ Exercice. — Phrases.

A près ce pre mier vo lu me, nous li rons le se cond, qui est bien plus a gré a ble.

377 378 379 380 381 382 383 384 385 386

3.

Mes pieds sont chauds, mes mains, froides.
Un ami sévère est le meilleur mentor pour un jeune homme sans expérience.
Mon frère Gustave a subi un examen devant son ancien professeur.

80ᵉ Exercice. — Phrases.

Benjamin a été à l'école, il a bien travaillé ; il a eu de la crème au dîné.
La nation française a tiré son nom de sa franchise et de sa bonne foi.
L'exemple du bien conduit à la vertu.
Le soldat qui était de faction a eu bien froid durant la nuit.
J'ai été le deuxième dans la composition de lecture de ce matin. Et toi ? Je n'ai été que le sixième.

VINGT-QUATRIÈME LEÇON.

	PRONONCEZ :		PRONONCEZ :
Almanach	almana.	équateur	écouateur.
août	oût.	œil	euil.
automne	autone.	faim	fin.
il brigua	il briga.	faulx	fau.
Caen	Can.	femme	fame.
chez	ché.	Goth	Gô.

387 388 389 390 391 392 393 394 395 396

hen nir	ha nir.	rhé to ri que	ré to ri que.
il est	il è.	Sa ône	Sô ne.
à jeun	à jun.	sang	san.
Jo seph	Jo zef.	saoul	sou.
man geons	man jon.	sept	set.
mon sieur	mo cieu.	se xe	sec ce.
oi gnon	o gnon.	sci en ce	si an ce.
pa on	pan.	temps	tan.
pay san	pai y zan.	tran si tion	tran zi cion.
pi geon	pi jon.	vœu	veu.
plomb	plon.	il vainc	il vin.
poids	poi.	vingt	vin.
pouls	pou.	vis-à-vis	vi-za-vi.
prompt	pron.	West pha lie	Ves fa li.

81ᵉ Exercice. — Phrases.

Ré pé tons que la se mai ne se com po se de sept jours : Lun di, Mar di, Mer cre di, Jeu di, Ven dre di, Sa me di, Di man che.

On comp te dou ze mois dans u ne an née : Jan vier, Fé vri er, Mars, A vril, Mai, Juin, Juil let, Août, Sep tem bre, Oc to bre, No vem bre, Dé cem bre.

L'an née se di vi se aus si en qua tre sai sons : le Prin temps, l'É té, l'Au tom ne, l'Hi ver.

397 398 399 400 401 402 403 404 405 406

Le prin temps est la sai son des fleurs.
L'É té est la sai son où il fait chaud, où les blés et au tres grains sont mûrs ; c'est l'é po que de la mois son.
L'Au tom ne est la sai son où l'on cueil le les rai sins pour fai re du vin ; les pom mes, les poi res, les fi gues, les a bri cots et au tres fruits.
L'Hi ver est la sai son du froid, de la pluie, de la nei ge. La ter re a lors se re po se et ne produit plus rien.

82ᵉ Exercice. — Phrases.

Un en fant ai ma ble ne se cou che ja mais sans di re bon soir à son pa pa et à sa ma man, a près les a voir em bras sés.
Cha que ma tin, a près son le ver, il va en co re les em bras ser, et leur dit : Bon jour, bon pè re ; bon jour, bon ne mè re.
Un jour, un pe tit men teur cri ait, et di sait qu'on lui fai sait du mal. Sa ma man cou rut : il se mit à ri re, car il a vait men ti.
Le len de main, un gros chien s'ap pro cha du men teur pour lui pren dre sa tar di ne de beur re. Le men teur se mit en core à cri er ;

407 408 409 410 411 412 413 414 415 416

mais la ma man ne l'é cou ta pas. Le chien sau ta sur la tar ti ne et mor dit la main du men teur, qui pous sa les hauts cris.

Sa mè re lui dit : Si tu n'a vais pas men ti la pre miè re fois, je se rais ve nue te dé fen dre. Ap prends à di re la vé ri té u ne au tre fois. L'en fant se cor ri gea et ne men tit plus du tout.

83ᵉ Exercice. — Phrases.

Dieu a créé tout ce que nous vo yons : le ciel, la ter re, la mer, les plan tes, les a ni maux et l'hom me. Il a tout fait dans l'es pa ce de six jours.

Le pre mier jour, Dieu a fait la lu miè re.

Le se cond jour, il a fait le fir ma ment, que nous ap pe lons le ciel ou les cieux.

Le troi siè me jour, il a ras sem blé les eaux au tour de la ter re, et il a ti ré du sein de cet te ter re les plan tes et les ar bres.

Le qua triè me jour, il a créé le so leil, la lu ne et tou tes les étoi les que nous vo yons au ciel.

Le cin quiè me jour, il a fait naî tre les oi seaux qui vol ti gent dans l'air et les pois sons qui na gent dans la mer.

417 418 419 420 421 422 423 424 425 426

Le si xiè me jour, il a créé tous les a ni maux, et en fin l'hom me et la fem me. Le pre mier hom me a é té ap pe lé A dam, et la pre miè re fem me È ve.

Le sep tiè me jour, Dieu s'est re po sé. Nous i mi tons Dieu en ne tra vail lant pas le di man che. Ce jour-là, nous pri ons Dieu de nous don ner sa sa ges se et de nous con ti nuer ses bien faits.

84ᵉ Exercice. — Phrases.

PRIÈRE POUR LES PETITS ENFANTS.

No tre Pè re des cieux, pè re de tout le mon de,
De vos pe tits en fants c'est vous qui pre nez soin;
Mais à tant de bon tés vous vou lez qu'on ré pon de,
Et qu'on de man de aussi, dans une foi pro fon de,
    Les cho ses dont on a be soin!

Vous m'avez tout don né, la vie et la lu miè re,
Le blé qui fait le pain, les fleurs qu'on ai me à voir,
Et mon pè re et ma mè re, et ma fa mil le en tiè re;
Moi, je n'ai rien pour vous, mon Dieu, que la pri è re,
    Que je vous dis ma tin et soir!

No tre Pè re des cieux, bé nis sez ma jeu nes se;
Pour mes pa rents, pour moi, je vous prie à ge noux;
A fin qu'ils soient heu reux, don nez-moi la sa ges se;
Et puis sent leurs en fants les con ten ter sans ces se,
    Pour ê tre ai més d'eux et de vous!

Mᵐᵉ AMABLE TASTU.

Voi là u ne bien jo lie priè re; il fau dra l'ap pren dre par cœur, et la ré ci ter tous les jours.

427 428 429 430 431 432 433 434 435 436

85ᵉ Exercice. — Phrases.

Quel jour est-ce au jour d'hui? — Lun di. Quel se ra le jour de main? — Mar di. A près Mar di? — Mer cre di. Après Mer cre di? — Jeu di. A près Jeu di? — Ven dre di. A près Ven dre di? — Sa me di. A près Sa me di? — Di man che.

Dans quel mois som mes-nous? — En Jan vier. Et après Jan vier, quel mois? — Fé vri er. A près Fé vrier? — Mars. A près Mars? — A vril. A près A vril? — Mai. A près Mai? — Juin. A près Juin? — Juil let. A près Juil let? — Août. A près Août? — Sep tem bre. A près Sep tem bre? — Oc to bre. A près Oc to bre? — No vem bre. A près No vem bre? — Dé cem bre.

Que fait-on a près le der nier jour du mois de Dé cem bre? — On va sou hai ter la bon ne an née, et l'on re çoit des dra gées et au tres bon bons, des jou joux, des li vres pour ses é tren nes.

86ᵉ Exercice. — Union des Syllabes.

A bî me	Abîme.	Ad mi ré	Admiré.
ac ca blé	accablé.	af fa mé	affamé.
a do ré	adoré.	a go nie	agonie.

437 438 439 440 441 442 443 444 445 446

Ai mé	Aimé.	Bis cuit	Biscuit.
ai der	aider.	bo bi ne	bobine.
al lu mer	allumer.	bon bon	bonbon.
a mu ser	amuser.	bon jour	bonjour.
a ni mal	animal.	bor du re	bordure.
ap pe ler	appeler.	bu reau	bureau.
ar ro ser	arroser.	ca ba ne	cabane.
as su ré	assuré.	ca deau	cadeau.
at ten tion	attention.	ca fe tiè re	cafetière.
a ve nir	avenir.	ce ri se	cerise.
a ver tir	avertir.	ci seau	ciseau.
ba di ne	badine.	ci tron	citron.
beau coup	beaucoup.	cou teau	couteau.
be soin	besoin.	cou tu me	coutume.

87ᵉ Exercice. — Union des Syllabes.

Cu re	Cure.	Dor mir	Dormir.
cu ve	cuve.	do ru re	dorure.
da me	dame.	du pe	dupe.
dé jà	déjà.	é ta ble	étable.
dî né	dîné.	é qui no xe	équinoxe.
di rec tion	direction.	é tu de	étude.
Eu ro pe	Europe.	fra ter nel	fraternel.
fa ci le	facile.	fai né ant	fainéant.
fa ça de	façade.	fu mée	fumée.

447 448 449 450 451 452 453 454 455 456

fa çon	façon.	ga min	gamin.
fé li ci té	félicité.	ga lop	galop.
fo lie	folie.	gi ber ne	giberne.
for ce	force.	go be let	gobelet.
frè re	frère.	go mme	gomme.

88ᵉ Exercice. — Union des Syllabes.

Gra ve	Grave.	In sen si ble	Insensible.
gra vu re	gravure.	Ja cob	Jacob.
gre na de	grenade.	Jac ques	Jacques.
gri ma ce	grimace.	ja loux	jaloux.
gout tiè re	gouttière.	ja mais	jamais.
ha bit	habit.	Je ter	jeter.
ha bi tu de	habitude.	j'i rai	j'irai.
hi ron del le	hirondelle.	jo li	joli.
hy po cri te	hypocrite.	joie	joie.
ho mme	homme.	ju ment	jument.
ho mma ge	hommage.	ki lo	kilo.
huî tre	huître.	lai ne	laine.
hui le	huile.	let tre	lettre.
hu mi de	humide.	le çon	leçon.
hum ble	humble.	lè vre	lèvre.
i ma ge	image.	li re	lire.
i mi ta tion	imitation.	ly re	lyre.

457 458 459 460 461 462 463 464 465 466

89ᵉ Exercice. — Union des Syllabes.

Ma chi ne	Machine.	no ble	noble.
mai son	maison.	neu viè me	neuvième.
maî tre	maître.	ob te nir	obtenir.
mal heur	malheur.	oc ca sion	occasion.
me ner	mener.	o do rat	odorat.
mê ler	mêler.	or di nai re	ordinaire.
mé lan ge	mélange.	o pé ra	opéra.
mi ra cle	miracle.	o pé ra tion	opération.
mi sè re	misère.	pa ra de	parade.
mo dè le	modèle.	pa ra dis	paradis.
mu rai lle	muraille.	pa ra sol	parasol.
mer veil le	merveille.	pa ra pluie	parapluie.
Na tu re	Nature.	pa raî tre	paraître.
na tion	nation.	pè re	père.
ne veu	neveu.	pe sant	pesant.
niè ce	nièce.	pe ser	peser.

90ᵉ Exercice. — Union des Syllabes.

Pi ra te	Pirate.	pru den ce	prudence.
pei ne	peine.	pu blic	public.
po li tes se	politesse.	qua tre	quatre.
pra ti que	pratique.	quê te	quête.
pri va tion	privation.	quin ze	quinze.
pro me na de	promenade.	quit te	quitte.

467   468   469   470   471   472   473   474   475   476

Quo ti dien	Quotidien.	thé â tre	théâtre.
re mè de	remède.	til bu ry	tilbury.
ri séc	risée.	tim ba le	timbale.
ro sée	rosée.	tein tu re	teinture.
rhu me	rhume.	tem ple	temple.
roi de	roide.	ter res tre	terrestre.
rui ne	ruine.	tom be	tombe.
ren dre	rendre.	ton ner re	tonnerre.
rei ne	reine.	tra hi son	trahison.
rê ve	rêve.	tri om phe	triomphe.
sa lut	salut.	trom per	tromper.
sei gle	seigle.	trom peur	trompeur.
se mel le	semelle.	tu mul te	tumulte.
sen ten ce	sentence.	tu ni que	tunique.
sé vè re	sévère.	vain	vain.
sol dat	soldat.	va ni té	vanité.
su cre	sucre.	vei ne	veine.
sur di té	surdité.	vê pres	vêpres.
ta bac	tabac.	vo lon té	volonté.
ta ba tiè re	tabatière.	vrai	vrai.
ta ble	table.	vrai ment	vraiment.
ta bleau	tableau.	ma xi me	maxime.
ré fle xion	réflexion.	dix	dix.
e xa men	examen.	soi xan te	soixante.
e xem ple	exemple.	yeux	yeux.

477 478 479 480 481 482 483 484 485 486

LEÇON SUPPLÉMENTAIRE

Dans les verbes, les lettres *d, ds; e, es; ent, nt; s, t*, à la fin des mots, sont nulles après un son :

Je con fonds	Ils a vaient	Tu ver ras
tu con fonds	elles au raient	je crains
il con fond	ils di saient	tu peins
je couds	elles di raient	elle peint
tu couds	ils a van cent	je pro mets
elle coud	elles cou sent	tu pro mets
je perds	ils dan sent	tu sors
tu perds	elles par lent	elle sort
il perd	ils re muent	je cours
je vends	elles sau tent	tu cours
tu vends	ils di ront	il court
elle vend	elles fe ront	nous ve nons
je pa rie	il doit	nous ri ons
tu pa ries	elle voit	nous dan sons
elle pa rie	je fais	je mets
que j'aie	tu fais	tu mets
que tu aies	il fait	elle met trait
je re mue	tu fuis	les pou lets à
tu re mues	il fuit	la bro che.

487 488 489 490 491 492 493 494 495 496

LECTURE COURANTE

1. Obéis, si tu veux qu'on t'obéisse un jour.

Les enfants doivent faire tout de suite ce qu'on leur commande. Un jour, la maman de Charles lui dit d'aller faire une commission. Il s'y refusa, disant que cela l'ennuyait.

La mère ne lui dit plus rien. Elle fit faire la commission par la bonne petite Marie, qui obéit aussitôt.

Lorsque l'heure du dîner arriva, la domestique servit un beau plat de crème, des confitures, des amandes, des raisins et autres friandises que Charles aimait beaucoup.

La maman donna de tout cela à Marie. Charles en demanda, mais sa maman lui dit : Tu n'auras rien du dessert, parce que tu m'as désobéi.

2. Si vous faites du mal, chacun vous en fera.

Alfred avait un chat qu'il battait sans cesse. La pauvre bête fuyait le plus souvent à son approche ; mais Alfred finissait toujours par l'atteindre.

497 498 499 500 501 502 503 504 505 506

Un jour, ce chat, irrité par les coups, devint furieux. Il sauta à la figure du méchant Alfred, et lui enfonça une griffe dans l'œil. Alfred resta borgne toute sa vie.

3. La principale prudence consiste à parler peu, et à se défier bien plus de soi que des autres. (*Fénelon.*)

4. Le vrai courage trouve toujours quelque ressource contre l'adversité. (*Fénelon.*)

5. Le mauvais exemple nuit autant à la santé de l'âme, que l'air contagieux à la santé du corps. (*Marmontel.*)

6. La gaieté, le bonheur sont sous un toit rustique; ils s'égarent dans les châteaux. (*Favart.*)

7. L'ennui est une maladie dont le travail est le remède. (*De Levis.*)

8. Le matin de la vie est comme le matin du jour, plein de pureté, d'images et d'harmonie. (*Chateaubriand.*)

9. Il n'est point de route plus sûre pour aller au bonheur que celle de la vertu. (*J.-J. Rousseau.*)

10. On doit toujours se reprocher, non-seulement d'avoir fait le mal, mais même de n'avoir pas fait le bien. (*Gir. Duvivier.*)

11. La modestie est l'ornement du mérite, elle lui donne de la force et du relief. (*La Bruyère.*)

12. Un sage médecin disait à ses malades: Prenez de l'exercice, ayez de la gaieté, surtout ne faites point d'excès; et moquez-vous de moi. (*Labouisse.*)

13. Vous devez aimer votre prochain comme vous-même; calmer sa douleur, l'aider de vos conseils, lui faire tout le bien que vous souhaiteriez pour vous en pareil cas.

507   508   509   510   511   512   513   514   515   516

14. L'ordre a trois avantages : il soulage la mémoire, il ménage le temps, il conserve les choses. (*Franklin.*)

15. L'homme actif veille à tout, étend ses soins sur tout ; il ne perd pas un moment : il croit n'avoir rien fait tant qu'il lui reste quelque chose à faire. (*Lucain.*)

16. L'honnête homme est discret ; il remarque les défauts d'autrui, mais il n'en parle jamais. (*Saint-Evremond.*)

17. Il faut dire aux gens riches qui s'ennuient : Faites des aumônes, vous vous ennuierez moins ; rien ne distrait mieux et ne fait meilleure humeur que les bonnes œuvres. (*Béranger.*)

18. Faites en sorte que vos études coulent dans vos mœurs, et que le fruit de vos lectures se tourne en vertus. (*Mme Lambert.*)

19. Je n'ignore pas qu'on ne saurait être heureux sans la vertu, et je me propose bien de toujours la pratiquer. (*Beauzée.*)

20. Il ne faut jamais parler de Dieu, ni des choses qui concernent son culte, qu'avec sérieux et respect. (*Fénelon.*)

21. Il en coûte bien moins de remporter des victoires sur les ennemis que de se vaincre soi-même. (*Massillon.*)

22. Le cœur et la conscience sont les vrais siéges du bonheur. (*Fénelon.*)

23. La bonté est un goût à faire du bien et à pardonner le mal. (*Vauvenargues.*)

24. La nature et la religion élèvent ensemble la voix pour dire à un enfant : Aime et honore ton père et ta mère. (*Lhomond.*)

517 518 519 520 521 522 523 524 525 526

25. L'égoïste mettrait le feu à la maison de son voisin pour faire cuire un œuf. (*F. Bacon.*)

26. Nous goûterions bien des jouissances si nous savions faire un bon usage de notre temps. (*Restaut.*)

27. Soulagez la vertu malheureuse ; les bienfaits bien appliqués sont les trésors de l'honnête homme. (*Lévizac.*)

28. Écouter est, de toutes les manières d'apprendre, celle qui donne le moins de peine. (*Andrieux.*)

29. Voulez-vous savoir comment il faut donner, mettez-vous à la place de celui qui reçoit. (*de Puysieux.*)

30. Le bien que l'on fait n'est jamais perdu : si les hommes l'oublient, Dieu s'en souvient et le récompense. (*Fénelon.*)

Histoire du petit Tom-Pouce.

Il y avait, dans une ville d'Angleterre, un tout petit enfant qui n'était pas plus gros, pas plus long que le pouce ; c'est pour cela qu'on l'appelait Tom-Pouce.

Il était si petit à sa naissance, que sa mère avait fait son berceau d'une coquille de noix.

Au bout de six ou sept ans, il n'avait pas beaucoup grandi, car il n'était pas plus haut que le pouce.

Alors on le faisait coucher dans une tabatière un peu plus longue que le doigt. Elle restait ouverte pendant l'été, et on la fermait quand il faisait bien froid, dans l'hiver.

Avec une feuille de chêne, sa mère lui fit un habillement complet, et la calotte d'un gland lui servit de chapeau. On y avait attaché une plume de moineau, qui formait le panache.

Tom-Pouce ne restait jamais tranquille ; on le perdait de vue cent fois dant un quart d'heure.

Quand sa mère parvenait à le retenir dans sa chambre, il se livrait à un jeu qu'il aimait beaucoup ; c'était de sauter à cheval sur une épingle, qu'il tenait par la tête d'une main, ayant dans l'autre un fouet composé d'un petit bout de fil attaché à un morceau d'allumette chimique.

Ce petit gamin faisait sans cesse mille espiègleries qui mettaient sa pauvre mère dans une inquiétude continuelle.

Un jour que madame Tom faisait une sorte de bouillie, il trouva moyen d'arriver au bord du vase sans qu'elle s'en aperçût ; puis, au moment où elle détournait la tête pour éternuer, il sauta dans la cuillère qu'elle tenait à la main, et, en un clin d'œil, il disparut dans la bouillie.

La mère, sentant quelque chose de dur sous sa cuillère, la retire du vase. Quel est son étonnement de reconnaître son fils, son espiègle, qui était tout couvert de bouillie, qui étouffait, et qu'elle alla plonger dans un verre d'eau pour le laver !

Il fallut le changer de la tête aux pieds. Heureusement que ses habits ne coûtaient pas cher, et que son tailleur avait promptement fait un rechange.

Une malice à laquelle il se livrait le plus souvent, dans les soirées d'hiver, c'était de monter tout doucement sur la queue du chat, et de le piquer ensuite avec une petite épingle qu'il réservait à cet usage.

537 538 539 540 541 542 543 544 545 546

Alors le chat se mettait à tourner sans cesse, et le gamin, perché sur cette queue, riait aux éclats. Si le chat se roulait par terre, Tom-Pouce roulait avec lui, et il ne lâchait la queue qu'après s'être bien fatigué.

Une autre fois, Tom-Pouce parvint à s'élancer sur un canard, et se tint à une plume du cou. L'animal effrayé sauta dans un fossé plein d'eau. La mère, qui vit le gamin ainsi exposé, jeta un grand cri, persuadée que son fils allait se noyer; mais Tom-Pouce n'avait peur de rien. Il resta cramponné au cou du canard, et, malgré les plongeons de celui-ci, il ne fit point la culbute. Enfin la mère chassa le canard hors du fossé; mais, dans la fuite de l'animal, la plume que tenait Tom-Pouce se détacha et le fit tomber. Tom fut fouetté avec un martinet armé de quatre brins de fil.

Malheureusement toutes ces corrections ne produisirent aucun changement au caractère toujours léger et étourdi de Tom-Pouce.

Un matin le père partit pour la pêche, et recommanda bien à sa femme de ne pas laisser sortir son fils, qui, sans cela, ne manquerait pas de le suivre au bord de la rivière.

La mère, pour éviter tout accident, le mit dans sa poche, sous son mouchoir. Mais comme elle avait souvent besoin de se moucher, car la bonne femme prenait du tabac, Tom-Pouce finit par se sauver, et alla se cacher dans une des pantoufles que sa mère avait laissées sous le lit.

« Ce vilain petit souriceau, dit-elle, ne me laissera pas un instant de repos. Où est-il donc encore? Cependant les portes sont fermées; et, quoiqu'il soit bien petit, il n'aura pas pu passer par le trou de la serrure. »

Elle l'appelle, elle le cherche partout; elle passe un balai sous les meubles, sous le lit, elle pousse même avec son balai les pantoufles qui étaient dessous; mais Tom ne bougeait pas. Enfin, lasse d'appeler et de chercher l'espiègle, elle s'assit et se remit à travailler.

Un moment après, elle eut besoin d'aller dans la cour, et elle oublia de fermer la porte de sa chambre; elle revint tout de suite pour la fermer, mais Tom, profitant de son absence, s'était esquivé. Le voilà parti.

Il veut aller trouver son père, pour le voir pêcher. Il se dirige en effet vers le bord de la rivière, et se cache dans l'herbe, de peur d'être aperçu de son père, et d'être encore vertement châtié.

Sur le soir, le père retourna chez lui, et y apporta plusieurs petits poissons et une belle carpe.

A peine était-il entré, qu'il demanda son fils Tom, à qui il voulait montrer les poissons, qui étaient encore vivants. La mère lui raconta en pleurant ce qui était arrivé.

« Pourvu, dit le père, qu'il ne soit pas allé du côté de la rivière! il savait que j'y étais. — Il n'est pas possible, répondit madame Tom, qu'il y soit allé, car à peine, étais-je rendue dans la cour, que je suis revenue pour fermer la porte. — Enfin, dit M. Tom, s'il est ici et qu'il ait besoin de manger, il viendra bien nous trouver. En attendant, vide cette carpe et fais-la cuire tout de suite, car j'ai grand'faim.

La pauvre femme, quoique bien triste, s'occupe de pré-

557   558   559   560   561   562   563   564   565   566

parer le souper. Elle ouvre la carpe pour la vider avant de la faire cuire.

Tout à coup, elle jette un grand cri : « Tom ! Tom ! à moi ! viens donc voir. — Eh ! mon Dieu ! dit M. Tom, qu'y a-t-il donc encore ? — Tiens, regarde... »

C'était ce petit polisson de Tom-Pouce, que sa mère venait de trouver dans le ventre de la carpe.

La mère s'empressa de le laver de nouveau et de lui donner une autre rechange.

Ensuite on lui demanda par quelle aventure il était entré dans le ventre de la carpe. On suspendit le repas pour écouter cette histoire.

Tom-Pouce, à ce qu'il paraît, s'était un peu trop approché du bord de la rivière pour mieux voir pêcher son père, et il était tombé à l'eau, puis avait été aussitôt avalé comme un appât. Par le hasard le plus heureux, son père avait justement pris la carpe qui l'avait avalé.

Tom-Pouce, tout petit qu'il était, causa encore bien du chagrin à ses parents dans la suite. Il faut bien se garder de faire comme lui, mes enfants.

567 568 569 570 571 572 573 574 575 576

ALPHABET EN CARACTÈRES ITALIQUES

(L'alphabet qui est au commencement de la Méthode est en caractères romains.)

A B C D E F G H I J K L M N O
a b c d e f g h i j k l m n o

P Q R S T U V X Y Z
p q r s t u v x y z

ALPHABET EN CARACTÈRES MANUSCRITS

A B C D E F G H
a b c d e f g h

I J K L M N O
i j k l m n o

P Q R S T U V
p q r s t u v

X Y Z
x y z

LECTURE MANUSCRITE

1. Aimez les conseils. Bonne renommée vaut mieux que ceinture dorée. Contentons nos parents et nos maîtres.

2. Donne-moi ton devoir. Ecoute la leçon. Fermez la porte. Garde ce livre. Habituez-vous au travail.

3. Imite ce modèle. Jamais il ne faut mentir. La vérité annonce du courage. Kilogramme signifie mille grammes.

4. Madame votre mère vous appelle. N'oubliez jamais le respect dû à vos supérieurs. Obéissez sans murmure. Partons tout de suite. Quittons nos jeux.

5. Reconnais la majesté et la puissance de Dieu à la grandeur de ses œuvres. Suivons le chemin de la croix. Travaillons à devenir francs, loyaux et courageux.

6. Une bonne récolte réjouit tout un peuple. Venez, Ysabeau, et comptez. Zéro est un chiffre qui ressemble à un o. Placé à la droite d'un autre chiffre, il lui donne une valeur dix fois plus grande : 4 (quatre), 40 (quarante). C'est le zéro à droite du 4 qui lui donne cette valeur.

7. L'homme, dès sa naissance, a le sentiment du plaisir et de la douleur.

(Marmontel.)

8. Je crains Dieu, et après Dieu, je crains principalement celui qui ne le craint pas.

(Sadi.)

CHIFFRES ET NOMBRES

Les Romains exprimaient les nombres par les lettres suivantes de leur alphabet : I, V, X, L, C, D, M, qui représentent : 1, 5, 10, 50, 100, 500, 1,000.

Demi s'exprimait par S mis à la suite du nombre : VS = 5 1/2 (cinq et demi).

On les nomme pour cela *chiffres romains*.

Les chiffres dont nous nous servons depuis François Ier sont dits *chiffres arabes*.

Chiffres romains.	Chiffres arabes.	Chiffres romains.	Chiffres arabes.
I	1	XIX	19
II	2	XX	20
III	3	XXI	21
IV	4	XXX	30
V	5	XXXII	32
VI	6	XL	40
VII	7	XLIII	43
VIII	8	L	50
IX	9	LIV	54
X	10	LX	60
XI	11	LXV	65
XII	12	LXX	70
XIII	13	LXXVI	76
XIV	14	LXXX	80
XV	15	LXXXVII	87
XVI	16	XC	90
XVII	17	XCVIII	98
XVIII	18	C	100

Chiffres romains.	Chiffres arabes.	Chiffres romains.	Chiffres arabes.
CC	200	DCCCXV	815
CCIX	209	CM	900
CCC	300	CMXVI	916
CCCX	310	M	1,000
CD	400	MXVII	1,017
CDXI	411	MC	1,100
D	500	MCXVIII	1,118
DXII	512	MCC	1,200
DC	600	MCCXIX	1,219
DCXIII	613	MCCC	1,300
DCC	700	MCCCXX	1,320
DCCXIV	714	MDCCCLXII	1,862
DCCC	800	MDCCCLXVII	1,867

Surmontés d'un trait horizontal (—), ces chiffres acquièrent mille fois leur valeur.

Chiffres romains.	Chiffres arabes.	Chiffres romains.	Chiffres arabes.
$\overline{\text{I}}$	1,000	$\overline{\text{C}}$	100,000
$\overline{\text{II}}$	2,000	$\overline{\text{D}}$	500,000
$\overline{\text{V}}$	5,000	$\overline{\text{M}}$	1,000,000
$\overline{\text{X}}$	10,000		(un million)

EXERCICES SUR L'ADDITION DES NOMBRES

PAR LES DIVERSES COMBINAISONS DES NEUF PREMIÈRES UNITÉS

(La première ligne est pour les questions, et la seconde pour les réponses.)

Le Maître : 2 et 2 ? 2 2 2 2 2 2 2 2 2 2 2
L'Élève :   4 6 8 10 12 14 16 18 20 22 24 26, etc.

Le Maître : 2 et 3 ? 3 3 3 3 3 3 3 3 3 3 3
L'Élève :   5 8 11 14 17 20 23 26 29 32 35 38, etc.

Le Maître : 2 et 4 ? 4 4 4 4 4 4 4 4 4 4 4
L'Élève :   6 10 14 18 22 26 30 34 38 42 46 50, etc.

Le Maître : 2 et 5 ? 5 5 5 5 5 5 5 5 5 5 5
L'Élève :   7 12 17 22 27 32 37 42 47 52 57 62, etc.

Le Maître : 2 et 6 ? 6 6 6 6 6 6 6 6 6 6 6
L'Élève :   8 14 20 26 32 38 44 50 56 62 68 74, etc.

Le Maître : 2 et 7 ? 7 7 7 7 7 7 7 7 7 7 7
L'Élève :   9 16 23 30 37 44 51 58 65 72 79 86, etc.

Le Maître : 2 et 8 ? 8 8 8 8 8 8 8 8 8 8 8
L'Élève :   10 18 26 34 42 50 58 66 74 82 90 98, etc.

Le Maître : 2 et 9 ? 9 9 9 9 9 9 9 9 9 9 9
L'Élève :   11 20 29 38 47 56 65 74 83 92 101 110, etc.

Le Maître : 3 et 2 ? 2 2 2 2 2 2 2 2 2 2
L'Élève :   5 7 9 11 13 15 17 19 21 23 25 27, etc.

Le Maître : 3 et 3 ? 3 3 3 3 3 3 3 3 3 3
L'Élève :   6 9 12 15 18 21 24 27 30 33 36 39, etc.

Le Maître: 3 et 4? 4   4   4   4   4   4   4   4   4   4
L'Élève: 7 11 15 19 23 27 31 35 39 43 47 51, etc.

Le Maître: 3 et 5? 5   5   5   5   5   5   5   5   5   5
L'Élève: 8 13 18 23 28 33 38 43 48 53 58 63, etc.

Le Maître: 3 et 6? 6   6   6   6   6   6   6   6   6   6
L'Élève: 9 15 21 27 33 39 45 51 57 63 69 75, etc.

Le Maître: 3 et 7? 7   7   7   7   7   7   7   7   7   7
L'Élève: 10 17 24 31 38 45 52 59 66 73 80 87, etc.

Le Maître: 3 et 8? 8   8   8   8   8   8   8   8   8   8
L'Élève: 11 19 27 35 43 51 59 67 75 83 91 99, etc.

Le Maître: 3 et 9? 9   9   9   9   9   9   9   9   9   9
L'Élève: 12 21 30 39 48 57 66 75 84 93 102 111, etc.

Le Maître: 4 et 2? 2   2   2   2   2   2   2   2   2   2
L'Élève: 6   8 10 12 14 16 18 20 22 24 26 28, etc.

Le Maître: 4 et 3? 3   3   3   3   3   3   3   3   3   3
L'Élève: 7 10 13 16 19 22 25 28 31 34 37 40, etc;

Le Maître: 4 et 4? 4   4   4   4   4   4   4   4   4   4
L'Élève: 8 12 16 20 24 28 32 36 40 44 48 52, etc.

Le Maître: 4 et 5? 5   5   5   5   5   5   5   5   5   5
L'Élève: 9 14 19 24 29 34 39 44 49 54 59 64, etc.

On continue ainsi pour 4 et 6... 4 et 7... 4 et 8... 4 et 9.
    5 et 2... 5 et 3... 5 et 4... 5 et 5... 5 et 6... 5 et 7... 5 et 8..
5 et 9;
    6 et 2... 6 et 3... 6 et 4... 6 et 5... 6 et 6... 6 et 7... 6 et 8..
6 et 9;

7 et 2... 7 et 3... 7 et 4... 7 et 5... 7 et 6... 7 et 7... 7 et 8... 7 et 9;

8 et 2... 8 et 3... 8 et 4... 8 et 5... 8 et 6... 8 et 7... 8 et 8... 8 et 9;

9 et 2... 9 et 3... 9 et 4... 9 et 5... 9 et 6... 9 et 7... 9 et 8... 9 et 9;

Et alors on a toutes les combinaisons possibles d'un nombre quelconque avec l'une des unités simples.

Il faut aller très vite dans ces exercices, pour habituer l'élève à saisir promptement la somme cherchée. Aussi le maître ne doit-il jamais répéter la somme trouvée par l'élève : il doit se hâter de dire : ... et 2 ? ... et 2 ? ... et 3 ? ... et 3 ? en faisant précéder de *et* le nombre que l'élève doit successivement ajouter à la somme qu'il vient de trouver.

Pour la *soustraction*, le maître pourra se servir des mêmes exercices. Il lui suffira de procéder en allant de *droite à gauche*; et, prenant la somme la plus élevée de chaque ligne des *réponses*, et employant le mot *moins* devant chaque nombre de la ligne des *questions*, il obtiendra les mêmes résultats satisfaisants de toutes les *soustractions* possibles dans les diverses combinaisons des neuf premières unités. (75 moins 5 ? = 70; moins 5 ? = 65; moins 5 ? = 60, etc.

FIN.

Après ce volume, il faut mettre entre les mains de l'Élève le livre intitulé :
LES PREMIÈRES LECTURES COURANTES, faisant suite à ce Syllabaire.

A LA MÊME LIBRAIRIE

CARTOGRAPHIE ÉLÉMENTAIRE DES ÉCOLES

MÉTHODE NOUVELLE ET PROGRESSIVE

DE GÉOGRAPHIE PRATIQUE

Et par laquelle, à l'aide de modèles exacts,
l'Élève est appelé à repasser à L'ENCRE ou au CRAYON les Cartes
calques muettes des 89 départements
de la France séparément, de la Carte générale de la France,
de l'Europe et de ses contrées, des quatre autres
parties du monde, de la Mappemonde, etc.

PAR

AUG. BRAUD	CYP. LOISEAU-TAUPIER
Ancien chef d'institution, membre de la Société pour l'instruction élémentaire et de la Société des Méthodes d'enseignement à Paris.	Professeur à l'Institution impériale des Sourds-Muets de Paris, membre de la Société d'éducation et d'assistance des Sourds-Muets en France.

Chaque CAHIER CARTOGRAPHIQUE de 16 pages in-4° obl., comprend :

   Une CARTE MODÈLE écrite et coloriée.
   Trois CARTES CALQUES d'exercices à remplir.
   Une NOTICE statistique, historique et biographique.
   Un QUESTIONNAIRE GÉNÉRAL sur la Notice.
   Un AVIS AUX MAITRES sur l'emploi des CAHIERS CARTOGRAPHIQUES.

Prix de chaque Cahier cartographique...... 15 cent.
On vend séparément la CARTE MODÈLE avec la NOTICE.. 05 —

La Collection se compose de 100 cahiers comprenant :

1 Mappemonde.. N°	97
1 Signes et termes géographiques...................	98
1 Europe...	92
1 Asie...	93
1 Afrique..	94
1 Amérique du Nord...................................	95
1 Amérique du Sud.....................................	95 bis
1 Océanie...	96
1 Palestine..	93 bis
89 Départements de la France................. 1 à	89
1 Empire français, groupe des 89 départements.....	90
1 Algérie et Colonies...................................	91

100 Cahiers à 15 c. l'un; 100 Cartes avec Notice à 05 c.

Avec les neuf premiers Cahiers ou Cartes ci-dessus, chacun peut se procurer son département et les départements limitrophes.

Paris. — Typ. Rouge frères, Dunon et Fresné, r. du Four-St-Germ., 43.

www.ingramcontent.com/pod-product-compliance
Lightning Source LLC
LaVergne TN
LVHW051512090426
835512LV00010B/2485